Vorwort

Im Urlaub probierte ich erstmals diese kleinen, feinen Gebäckstücke. Es faszinierte mich, dass sowohl Geschmack, als auch die Optik so stilvoll kreiert waren. Ich wollte sie unbedingt nachbacken. Am Anfang stellte es sich recht schwierig dar, bis ich die richtige Mischung gefunden hatte. Zusammen mit dem Thermomix TM 31 war das dann gar nicht mehr schwierig. Natürlich können Sie die Macarons auch mit dem Thermomix TM 21 nacharbeiten.

Ich wünsche Ihnen viel Freude mit dem Buch.

Inhaltsangabe

Marzipan Macarons
Salmiak Macarons
Anis Macarons
Schoko Orangen Macarons
White Chocolate Lemon Macarons
Schokoladen Matcha Macarons

Nachtrag zum Impressum
Copyright / Bilderquellen

Macarons

Rezepte

Alle Zutaten für den Teig müssen fast so fein wie Puder gemahlen werden. Das ist sehr wichtig, damit alles sehr locker ist und dennoch gut zusammenhält. Bei der Eiweißmenge ist an ca. 100 g Eiweiß gedacht. Man nimmt also entweder 4 kleine Eier dafür, oder 3 große Eier. Bei den Füllungen sind manchmal Mandeln angegeben. Wenn dort steht, dass man gemahlene Mandeln nehmen soll, dann ist das in diesem Fall für die Bindung von Flüssigkeit notwendig. Wenn das dort nicht steht, können sie je nach Belieben gehackt oder gemahlen werden. Viel Spaß beim Nachbacken.

Vanille Macarons

Zutaten
Macaronschalenteig
125 g gemahlene weiße Mandeln
150 g Puderzucker
100 g Zucker, fein
4 Eiweiße

Füllung
250 g Butter
Mark einer Vanilleschote
140 g Puderzucker
160 g Mandeln

Zubereitung
Wir beginnen mit den Macaronschalen.
Mandeln und Puderzucker in den Mixtopf geben und nochmals auf Stufe 10/ 15 Sekunden mahlen. In eine Schüssel umfüllen.
Den Topf reinigen. Den Schmetterling einsetzen und das Eiweiß einfüllen. Auf Stufe 4/ ca. 2 Minuten steif schlagen. Den Schmetterling entfernen. Nun die übrigen Teigzutaten hinzugeben. Wer mag, kann noch ein paar Tropfen Lebensmittelfarbe hinzugeben. Auf Stufe 2/ 15 Sekunden rühren. Die Masse in einem Spritzbeutel umfüllen. Ein Backblech mit Backpapier belegen. Die Masse portionsweise mit dem Spritzbeutel auf das Blech setzen. Die Masse bei 150 Grad Umluft ca. 15 Minuten backen. Die Schalen abkühlen lassen.
Füllung

Alle Zutaten für die Füllung in den sauberen Mixtopf geben. Auf Stufe 5/ 30 Sekunden schlagen. Man braucht eine Macaronschale als Oberteil und eine als Unterteil. Die Schalen mit der Masse füllen und kaltstellen.

Erdbeere Macarons

Zutaten
Macaronschalenteig
125 g gemahlene weiße Mandeln
150 g Puderzucker
100 g Zucker, fein
4 Eiweiße

Füllung
250 g Butter
40 g Erdbeermarmelade
140 g Puderzucker
160 g Mandeln

Zubereitung
Wir beginnen mit den Macaronschalen.
Mandeln und Puderzucker in den Mixtopf geben und
nochmals auf Stufe 10/ 15 Sekunden mahlen. In eine
Schüssel umfüllen.
Den Topf reinigen. Den Schmetterling einsetzen und das
Eiweiß einfüllen. Auf Stufe 4/ ca. 2 Minuten steif
schlagen. Den Schmetterling entfernen. Nun die übrigen
Teigzutaten hinzugeben. Wer mag, kann noch ein paar
Tropfen Lebensmittelfarbe hinzugeben. Auf Stufe 2/ 15
Sekunden rühren. Die Masse in einem Spritzbeutel
umfüllen. Ein Backblech mit Backpapier belegen. Die
Masse portionsweise mit dem Spritzbeutel auf das Blech
setzen. Die Masse bei 150 Grad Umluft ca. 15 Minuten
backen. Die Schalen abkühlen lassen.

Füllung
Alle Zutaten für die Füllung in den sauberen Mixtopf
geben. Auf Stufe 5/ 30 Sekunden schlagen. Man braucht
eine Macaronschale als Oberteil und eine als Unterteil.
Die Schalen mit der Masse füllen und kaltstellen.

Pistazien Macarons

Zutaten
Macaronschalenteig
125 g gemahlene weiße Mandeln
150 g Puderzucker
100 g Zucker, fein
4 Eiweiße

Füllung
250 g Butter
140 g Puderzucker
160 g Pistazien gemahlen

Zubereitung
Wir beginnen mit den Macaronschalen.
Mandeln und Puderzucker in den Mixtopf geben und nochmals auf Stufe 10/ 15 Sekunden mahlen. In eine Schüssel umfüllen.
Den Topf reinigen. Den Schmetterling einsetzen und das Eiweiß einfüllen. Auf Stufe 4/ ca. 2 Minuten steif schlagen. Den Schmetterling entfernen. Nun die übrigen Teigzutaten hinzugeben. Wer mag, kann noch ein paar Tropfen Lebensmittelfarbe hinzugeben. Auf Stufe 2/ 15 Sekunden rühren. Die Masse in einem Spritzbeutel umfüllen. Ein Backblech mit Backpapier belegen. Die Masse portionsweise mit dem Spritzbeutel auf das Blech setzen. Die Masse bei 150 Grad Umluft ca. 15 Minuten backen. Die Schalen abkühlen lassen.

Füllung

Alle Zutaten für die Füllung in den sauberen Mixtopf geben. Auf Stufe 5/ 30 Sekunden schlagen. Man braucht eine Macaronschale als Oberteil und eine als Unterteil. Die Schalen mit der Masse füllen und kaltstellen.

Amaretto Macarons

Zutaten
Macaronschalenteig
125 g gemahlene weiße Mandeln
150 g Puderzucker
100 g Zucker, fein
4 Eiweiße

Füllung
250 g Butter
3 EL Amaretto
140 g Puderzucker
160 g Mandeln

Zubereitung
Wir beginnen mit den Macaronschalen.
Mandeln und Puderzucker in den Mixtopf geben und
nochmals auf Stufe 10/ 15 Sekunden mahlen. In eine
Schüssel umfüllen.
Den Topf reinigen. Den Schmetterling einsetzen und das
Eiweiß einfüllen. Auf Stufe 4/ ca. 2 Minuten steif
schlagen. Den Schmetterling entfernen. Nun die übrigen
Teigzutaten hinzugeben. Wer mag, kann noch ein paar
Tropfen Lebensmittelfarbe hinzugeben. Auf Stufe 2/ 15
Sekunden rühren. Die Masse in einem Spritzbeutel
umfüllen. Ein Backblech mit Backpapier belegen. Die
Masse portionsweise mit dem Spritzbeutel auf das Blech
setzen. Die Masse bei 150 Grad Umluft ca. 15 Minuten
backen. Die Schalen abkühlen lassen.

Füllung

Alle Zutaten für die Füllung in den sauberen Mixtopf geben. Auf Stufe 5/ 30 Sekunden schlagen. Man braucht eine Macaronschale als Oberteil und eine als Unterteil. Die Schalen mit der Masse füllen und kaltstellen.

Schoko Macarons

Zutaten
Macaronschalenteig
125 g gemahlene weiße Mandeln
150 g Puderzucker
1 EL Kakao
100 g Zucker, fein
4 Eiweiße

Füllung
250 g Butter
Mark einer Vanilleschote
140 g Puderzucker
160 g Mandeln
1 EL Kakao

Zubereitung
Wir beginnen mit den Macaronschalen.
Mandeln, Kakao und Puderzucker in den Mixtopf geben
und nochmals auf Stufe 10/ 15 Sekunden mahlen. In eine
Schüssel umfüllen.
Den Topf reinigen. Den Schmetterling einsetzen und das
Eiweiß einfüllen. Auf Stufe 4/ ca. 2 Minuten steif
schlagen. Den Schmetterling entfernen. Nun die übrigen
Teigzutaten hinzugeben. Wer mag, kann noch ein paar
Tropfen Lebensmittelfarbe hinzugeben. Auf Stufe 2/ 15
Sekunden rühren. Die Masse in einem Spritzbeutel
umfüllen. Ein Backblech mit Backpapier belegen. Die
Masse portionsweise mit dem Spritzbeutel auf das Blech
setzen. Die Masse bei 150 Grad Umluft ca. 15 Minuten
backen. Die Schalen abkühlen lassen.

Füllung

Alle Zutaten für die Füllung in den sauberen Mixtopf geben. Auf Stufe 5/ 30 Sekunden schlagen. Man braucht eine Macaronschale als Oberteil und eine als Unterteil. Die Schalen mit der Masse füllen und kaltstellen.

Lebkuchen Macarons

Zutaten
Macaronschalenteig
125 g gemahlene weiße Mandeln
150 g Puderzucker
100 g Zucker, fein
4 Eiweiße
1 TL Backkakao
1 TL Lebkuchengewürz

Füllung
250 g Butter
Mark einer Vanilleschote
140 g Puderzucker
1 gehäufter TL Lebkuchengewürz
160 g Mandeln

Zubereitung
Wir beginnen mit den Macaronschalen.
Mandeln und Puderzucker in den Mixtopf geben und
nochmals auf Stufe 10/ 15 Sekunden mahlen. In eine
Schüssel umfüllen.
Den Topf reinigen. Den Schmetterling einsetzen und das
Eiweiß einfüllen. Auf Stufe 4/ ca. 2 Minuten steif
schlagen. Den Schmetterling entfernen. Nun die übrigen
Teigzutaten hinzugeben. Wer mag, kann noch ein paar
Tropfen Lebensmittelfarbe hinzugeben. Auf Stufe 2/ 15
Sekunden rühren. Die Masse in einem Spritzbeutel
umfüllen. Ein Backblech mit Backpapier belegen. Die
Masse portionsweise mit dem Spritzbeutel auf das Blech

16

setzen. Die Masse bei 150 Grad Umluft ca. 15 Minuten
backen. Die Schalen abkühlen lassen.

Füllung

Alle Zutaten für die Füllung in den sauberen Mixtopf
geben. Auf Stufe 5/ 30 Sekunden schlagen. Man braucht
eine Macaronschale als Oberteil und eine als Unterteil.
Die Schalen mit der Masse füllen und kaltstellen.

Orangen Macarons

Zutaten
Macaronschalenteig
125 g gemahlene weiße Mandeln
150 g Puderzucker
100 g Zucker, fein
4 Eiweiße
20 g fein geriebene Orangenschale

Füllung
250 g Butter
20 g fein geriebene Orangenschale
40 g Orangenmarmelade
140 g Puderzucker
160 g Mandeln

Zubereitung
Wir beginnen mit den Macaronschalen.
Mandeln und Puderzucker in den Mixtopf geben und nochmals auf Stufe 10/ 15 Sekunden mahlen. In eine Schüssel umfüllen.
Den Topf reinigen. Den Schmetterling einsetzen und das Eiweiß einfüllen. Auf Stufe 4/ ca. 2 Minuten steif schlagen. Den Schmetterling entfernen. Nun die übrigen Teigzutaten hinzugeben. Wer mag, kann noch ein paar Tropfen Lebensmittelfarbe hinzugeben. Auf Stufe 2/ 15 Sekunden rühren. Die Masse in einem Spritzbeutel umfüllen. Ein Backblech mit Backpapier belegen. Die Masse portionsweise mit dem Spritzbeutel auf das Blech setzen. Die Masse bei 150 Grad Umluft ca. 15 Minuten backen. Die Schalen abkühlen lassen.

Füllung
Alle Zutaten für die Füllung in den sauberen Mixtopf
geben. Auf Stufe 5/ 30 Sekunden schlagen. Man braucht
eine Macaronschale als Oberteil und eine als Unterteil.
Die Schalen mit der Masse füllen und kaltstellen.

Zitronen Macarons

Zutaten
Macaronschalenteig
125 g gemahlene weiße Mandeln
150 g Puderzucker
100 g Zucker, fein
4 Eiweiße
1 TL fein geriebene Zitronenschale

Füllung
250 g Butter
50 g Zitronenmarmelade
140 g Puderzucker
160 g Mandeln

Zubereitung
Wir beginnen mit den Macaronschalen.
Mandeln und Puderzucker in den Mixtopf geben und nochmals auf Stufe 10/ 15 Sekunden mahlen. In eine Schüssel umfüllen.
Den Topf reinigen. Den Schmetterling einsetzen und das Eiweiß einfüllen. Auf Stufe 4/ ca. 2 Minuten steif schlagen. Den Schmetterling entfernen. Nun die übrigen Teigzutaten hinzugeben. Wer mag, kann noch ein paar Tropfen Lebensmittelfarbe hinzugeben. Auf Stufe 2/ 15 Sekunden rühren. Die Masse in einem Spritzbeutel umfüllen. Ein Backblech mit Backpapier belegen. Die Masse portionsweise mit dem Spritzbeutel auf das Blech setzen. Die Masse bei 150 Grad Umluft ca. 15 Minuten backen. Die Schalen abkühlen lassen.

Füllung
Alle Zutaten für die Füllung in den sauberen Mixtopf
geben. Auf Stufe 5/ 30 Sekunden schlagen. Man braucht
eine Macaronschale als Oberteil und eine als Unterteil.
Die Schalen mit der Masse füllen und kaltstellen.

Rum Macarons

Zutaten
Macaronschalenteig
125 g gemahlene weiße Mandeln
150 g Puderzucker
100 g Zucker, fein
4 Eiweiße

Füllung
250 g Butter
2 EL Rum
140 g Puderzucker
160 g Mandeln

Zubereitung
Wir beginnen mit den Macaronschalen.
Mandeln und Puderzucker in den Mixtopf geben und
nochmals auf Stufe 10/ 15 Sekunden mahlen. In eine
Schüssel umfüllen.
Den Topf reinigen. Den Schmetterling einsetzen und das
Eiweiß einfüllen. Auf Stufe 4/ ca. 2 Minuten steif
schlagen. Den Schmetterling entfernen. Nun die übrigen
Teigzutaten hinzugeben. Wer mag, kann noch ein paar
Tropfen Lebensmittelfarbe hinzugeben. Auf Stufe 2/ 15
Sekunden rühren. Die Masse in einem Spritzbeutel
umfüllen. Ein Backblech mit Backpapier belegen. Die
Masse portionsweise mit dem Spritzbeutel auf das Blech

setzen. Die Masse bei 150 Grad Umluft ca. 15 Minuten backen. Die Schalen abkühlen lassen.

Füllung

Alle Zutaten für die Füllung in den sauberen Mixtopf geben. Auf Stufe 5/ 30 Sekunden schlagen. Man braucht eine Macaronschale als Oberteil und eine als Unterteil. Die Schalen mit der Masse füllen und kaltstellen.

Kirsch Macarons

Zutaten
Macaronschalenteig
125 g gemahlene weiße Mandeln
150 g Puderzucker
100 g Zucker, fein
4 Eiweiße

Füllung
250 g Butter
50 g Kirschmarmelade
20 g Himbeergeist
140 g Puderzucker
160 g Mandeln

Zubereitung
Wir beginnen mit den Macaronschalen.
Mandeln und Puderzucker in den Mixtopf geben und
nochmals auf Stufe 10/ 15 Sekunden mahlen. In eine
Schüssel umfüllen.
Den Topf reinigen. Den Schmetterling einsetzen und das
Eiweiß einfüllen. Auf Stufe 4/ ca. 2 Minuten steif
schlagen. Den Schmetterling entfernen. Nun die übrigen
Teigzutaten hinzugeben. Wer mag, kann noch ein paar
Tropfen Lebensmittelfarbe hinzugeben. Auf Stufe 2/ 15
Sekunden rühren. Die Masse in einem Spritzbeutel
umfüllen. Ein Backblech mit Backpapier belegen. Die
Masse portionsweise mit dem Spritzbeutel auf das Blech
setzen. Die Masse bei 150 Grad Umluft ca. 15 Minuten
backen. Die Schalen abkühlen lassen.

Füllung
Alle Zutaten für die Füllung in den sauberen Mixtopf
geben. Auf Stufe 5/ 30 Sekunden schlagen. Man braucht
eine Macaronschale als Oberteil und eine als Unterteil.
Die Schalen mit der Masse füllen und kaltstellen.

Bananen Macarons

Zutaten
Macaronschalenteig
125 g gemahlene weiße Mandeln
150 g Puderzucker
100 g Zucker, fein
4 Eiweiße

Füllung
250 g Butter
1 zerdrückte Banane
Mark einer Vanilleschote
140 g Puderzucker
160 g Mandeln

Zubereitung
Wir beginnen mit den Macaronschalen.
Mandeln und Puderzucker in den Mixtopf geben und
nochmals auf Stufe 10/ 15 Sekunden mahlen. In eine
Schüssel umfüllen.
Den Topf reinigen. Den Schmetterling einsetzen und das
Eiweiß einfüllen. Auf Stufe 4/ ca. 2 Minuten steif
schlagen. Den Schmetterling entfernen. Nun die übrigen
Teigzutaten hinzugeben. Wer mag, kann noch ein paar
Tropfen Lebensmittelfarbe hinzugeben. Auf Stufe 2/ 15
Sekunden rühren. Die Masse in einem Spritzbeutel
umfüllen. Ein Backblech mit Backpapier belegen. Die
Masse portionsweise mit dem Spritzbeutel auf das Blech

setzen. Die Masse bei 150 Grad Umluft ca. 15 Minuten backen. Die Schalen abkühlen lassen.

Füllung

Alle Zutaten für die Füllung in den sauberen Mixtopf geben. Auf Stufe 5/ 30 Sekunden schlagen. Man braucht eine Macaronschale als Oberteil und eine als Unterteil. Die Schalen mit der Masse füllen und kaltstellen.

Kokos Macarons

Zutaten
Macaronschalenteig
125 g gemahlene weiße Mandeln
150 g Puderzucker
100 g Zucker, fein
4 Eiweiße

Füllung
250 g Butter
Mark einer Vanilleschote
140 g Puderzucker
160 g Kokosraspeln
50 g weiße geraspelte Schokolade

Zubereitung
Wir beginnen mit den Macaronschalen.
Mandeln und Puderzucker in den Mixtopf geben und
nochmals auf Stufe 10/ 15 Sekunden mahlen. In eine
Schüssel umfüllen.
Den Topf reinigen. Den Schmetterling einsetzen und das
Eiweiß einfüllen. Auf Stufe 4/ ca. 2 Minuten steif
schlagen. Den Schmetterling entfernen. Nun die übrigen
Teigzutaten hinzugeben. Wer mag, kann noch ein paar
Tropfen Lebensmittelfarbe hinzugeben. Auf Stufe 2/ 15
Sekunden rühren. Die Masse in einem Spritzbeutel
umfüllen. Ein Backblech mit Backpapier belegen. Die
Masse portionsweise mit dem Spritzbeutel auf das Blech

setzen. Die Masse bei 150 Grad Umluft ca. 15 Minuten
backen. Die Schalen abkühlen lassen.
Füllung
Alle Zutaten für die Füllung in den sauberen Mixtopf
geben. Auf Stufe 5/ 30 Sekunden schlagen. Man braucht
eine Macaronschale als Oberteil und eine als Unterteil.
Die Schalen mit der Masse füllen und kaltstellen.

Macadamia Macarons

Zutaten
Macaronschalenteig
125 g gemahlene weiße Mandeln
150 g Puderzucker
100 g Zucker, fein
4 Eiweiße

Füllung
250 g Butter
Mark einer Vanilleschote
140 g Puderzucker
160 g Macadamia gemahlen

Zubereitung
Wir beginnen mit den Macaronschalen.
Mandeln und Puderzucker in den Mixtopf geben und
nochmals auf Stufe 10/ 15 Sekunden mahlen. In eine
Schüssel umfüllen.
Den Topf reinigen. Den Schmetterling einsetzen und das
Eiweiß einfüllen. Auf Stufe 4/ ca. 2 Minuten steif
schlagen. Den Schmetterling entfernen. Nun die übrigen
Teigzutaten hinzugeben. Wer mag, kann noch ein paar
Tropfen Lebensmittelfarbe hinzugeben. Auf Stufe 2/ 15
Sekunden rühren. Die Masse in einem Spritzbeutel
umfüllen. Ein Backblech mit Backpapier belegen. Die
Masse portionsweise mit dem Spritzbeutel auf das Blech
setzen. Die Masse bei 150 Grad Umluft ca. 15 Minuten
backen. Die Schalen abkühlen lassen.

Füllung

Alle Zutaten für die Füllung in den sauberen Mixtopf geben. Auf Stufe 5/ 30 Sekunden schlagen. Man braucht eine Macaronschale als Oberteil und eine als Unterteil. Die Schalen mit der Masse füllen und kaltstellen.

White Chocolate Macarons

Zutaten
Macaronschalenteig
125 g gemahlene weiße Mandeln
150 g Puderzucker
100 g Zucker, fein
4 Eiweiße

Füllung
250 g Butter
Mark einer Vanilleschote
140 g Puderzucker
160 g weiße Schokolade gehackt

Zubereitung
Wir beginnen mit den Macaronschalen.
Mandeln und Puderzucker in den Mixtopf geben und
nochmals auf Stufe 10/ 15 Sekunden mahlen. In eine
Schüssel umfüllen.
Den Topf reinigen. Den Schmetterling einsetzen und das
Eiweiß einfüllen. Auf Stufe 4/ ca. 2 Minuten steif
schlagen. Den Schmetterling entfernen. Nun die übrigen
Teigzutaten hinzugeben. Wer mag, kann noch ein paar
Tropfen Lebensmittelfarbe hinzugeben. Auf Stufe 2/ 15
Sekunden rühren. Die Masse in einem Spritzbeutel
umfüllen. Ein Backblech mit Backpapier belegen. Die
Masse portionsweise mit dem Spritzbeutel auf das Blech

setzen. Die Masse bei 150 Grad Umluft ca. 15 Minuten backen. Die Schalen abkühlen lassen.

Füllung

Alle Zutaten für die Füllung in den sauberen Mixtopf geben. Auf Stufe 5/ 30 Sekunden schlagen. Man braucht eine Macaronschale als Oberteil und eine als Unterteil. Die Schalen mit der Masse füllen und kaltstellen.

Heidelbeere Macarons

Zutaten
Macaronschalenteig
125 g gemahlene weiße Mandeln
150 g Puderzucker
100 g Zucker, fein
4 Eiweiße

Füllung
250 g Butter
Mark einer Vanilleschote
140 g Puderzucker
50 g Heidelbeermarmelade
1 Prise Zimt
160 g Mandeln gemahlen

Zubereitung
Wir beginnen mit den Macaronschalen.
Mandeln und Puderzucker in den Mixtopf geben und nochmals auf Stufe 10/ 15 Sekunden mahlen. In eine Schüssel umfüllen.
Den Topf reinigen. Den Schmetterling einsetzen und das Eiweiß einfüllen. Auf Stufe 4/ ca. 2 Minuten steif schlagen. Den Schmetterling entfernen. Nun die übrigen Teigzutaten hinzugeben. Wer mag, kann noch ein paar Tropfen Lebensmittelfarbe hinzugeben. Auf Stufe 2/ 15 Sekunden rühren. Die Masse in einem Spritzbeutel umfüllen. Ein Backblech mit Backpapier belegen. Die Masse portionsweise mit dem Spritzbeutel auf das Blech setzen. Die Masse bei 150 Grad Umluft ca. 15 Minuten backen. Die Schalen abkühlen lassen.

Füllung
Alle Zutaten für die Füllung in den sauberen Mixtopf geben. Auf Stufe 5/ 30 Sekunden schlagen. Man braucht eine Macaronschale als Oberteil und eine als Unterteil. Die Schalen mit der Masse füllen und kaltstellen.

Matcha Macarons

Zutaten
Macaronschalenteig
125 g gemahlene weiße Mandeln
150 g Puderzucker
100 g Zucker, fein
4 Eiweiße
1 TL Matchapulver

Füllung
100 g gehackte weiße Schokolade
50 g Sahne
50 g gehackte Pistazien

Zubereitung
Wir beginnen mit den Macaronschalen.
Mandeln und Puderzucker in den Mixtopf geben und nochmals auf Stufe 10/ 15 Sekunden mahlen. In eine Schüssel umfüllen.
Den Topf reinigen. Den Schmetterling einsetzen und das Eiweiß einfüllen. Auf Stufe 4/ ca. 2 Minuten steif schlagen. Den Schmetterling entfernen. Nun die übrigen Teigzutaten hinzugeben. Wer mag, kann noch ein paar Tropfen Lebensmittelfarbe hinzugeben. Auf Stufe 2/ 15 Sekunden rühren. Die Masse in einem Spritzbeutel umfüllen. Ein Backblech mit Backpapier belegen. Die Masse portionsweise mit dem Spritzbeutel auf das Blech setzen. Die Masse bei 150 Grad Umluft ca. 15 Minuten backen. Die Schalen abkühlen lassen.
Füllung

Alle Zutaten für die Füllung in den sauberen Mixtopf geben. Auf Stufe 5/ 30 Sekunden mischen. Alles bei 90 Grad/ Stufe 2/ 6 Minuten erwärmen. Die Masse 1 Stunde kaltstellen. Man braucht eine Macaronschale als Oberteil und eine als Unterteil. Die Schalen mit der Masse füllen und kaltstellen.

Pfefferminz Macarons

Zutaten
Macaronschalenteig
125 g gemahlene weiße Mandeln
150 g Puderzucker
100 g Zucker, fein
4 Eiweiße
1 TL Pfefferminzblätter
(kurz im Thermomix auf Stufe
10/ 5 Sekunden mahlen)

Füllung
100 g gehackte weiße Schokolade
50 g Sahne
50 g gehackte Pistazien
1 TL Pfefferminzblätter wie
oben beschrieben mahlen

Zubereitung
Wir beginnen mit den Macaronschalen.
Mandeln und Puderzucker in den Mixtopf geben und
nochmals auf Stufe 10/ 15 Sekunden mahlen. In eine
Schüssel umfüllen.
Den Topf reinigen. Den Schmetterling einsetzen und das
Eiweiß einfüllen. Auf Stufe 4/ ca. 2 Minuten steif
schlagen. Den Schmetterling entfernen. Nun die übrigen
Teigzutaten hinzugeben. Wer mag, kann noch ein paar
Tropfen Lebensmittelfarbe hinzugeben. Auf Stufe 2/ 15
Sekunden rühren. Die Masse in einem Spritzbeutel
umfüllen. Ein Backblech mit Backpapier belegen. Die
Masse portionsweise mit dem Spritzbeutel auf das Blech

setzen. Die Masse bei 150 Grad Umluft ca. 15 Minuten backen. Die Schalen abkühlen lassen.

Füllung

Alle Zutaten für die Füllung in den sauberen Mixtopf geben. Auf Stufe 5/ 30 Sekunden mischen. Alles bei 90 Grad/ Stufe 2/ 6 Minuten erwärmen. Die Masse 1 Stunde kaltstellen. Man braucht eine Macaronschale als Oberteil und eine als Unterteil. Die Schalen mit der Masse füllen und kaltstellen.

Zimt Macarons

Zutaten
Macaronschalenteig
125 g gemahlene weiße Mandeln
150 g Puderzucker
100 g Zucker, fein
4 Eiweiße
1/2 TL Zimt

Füllung
100 g gehackte weiße Schokolade
50 g Sahne
50 g gehackte Haselnüsse
½ TL Zimt

Zubereitung
Wir beginnen mit den Macaronschalen.
Mandeln und Puderzucker in den Mixtopf geben und
nochmals auf Stufe 10/ 15 Sekunden mahlen. In eine
Schüssel umfüllen.
Den Topf reinigen. Den Schmetterling einsetzen und das
Eiweiß einfüllen. Auf Stufe 4/ ca. 2 Minuten steif
schlagen. Den Schmetterling entfernen. Nun die übrigen
Teigzutaten hinzugeben. Wer mag, kann noch ein paar
Tropfen Lebensmittelfarbe hinzugeben. Auf Stufe 2/ 15
Sekunden rühren. Die Masse in einem Spritzbeutel
umfüllen. Ein Backblech mit Backpapier belegen. Die
Masse portionsweise mit dem Spritzbeutel auf das Blech
setzen. Die Masse bei 150 Grad Umluft ca. 15 Minuten
backen. Die Schalen abkühlen lassen.
Füllung

Alle Zutaten für die Füllung in den sauberen Mixtopf geben. Auf Stufe 5/ 30 Sekunden mischen. Alles bei 90 Grad/ Stufe 2/ 6 Minuten erwärmen. Die Masse 1 Stunde kaltstellen. Man braucht eine Macaronschale als Oberteil und eine als Unterteil. Die Schalen mit der Masse füllen und kaltstellen.

Double Chocolate Macarons

Zutaten
Macaronschalenteig
125 g gemahlene weiße Mandeln
150 g Puderzucker
100 g Zucker, fein
4 Eiweiße
1 TL Backkakao

Füllung
50 g gehackte weiße Schokolade
50 g gehackte dunkle Schokolade
50 g Sahne
50 g gehackte Mandeln

Zubereitung
Wir beginnen mit den Macaronschalen.
Mandeln und Puderzucker in den Mixtopf geben und
nochmals auf Stufe 10/ 15 Sekunden mahlen. In eine
Schüssel umfüllen.
Den Topf reinigen. Den Schmetterling einsetzen und das
Eiweiß einfüllen. Auf Stufe 4/ ca. 2 Minuten steif
schlagen. Den Schmetterling entfernen. Nun die übrigen
Teigzutaten hinzugeben. Wer mag, kann noch ein paar
Tropfen Lebensmittelfarbe hinzugeben. Auf Stufe 2/ 15
Sekunden rühren. Die Masse in einem Spritzbeutel
umfüllen. Ein Backblech mit Backpapier belegen. Die
Masse portionsweise mit dem Spritzbeutel auf das Blech
setzen. Die Masse bei 150 Grad Umluft ca. 15 Minuten
backen. Die Schalen abkühlen lassen.
Füllung

Alle Zutaten für die Füllung in den sauberen Mixtopf geben. Auf Stufe 5/ 30 Sekunden mischen. Alles bei 90 Grad/ Stufe 2/ 6 Minuten erwärmen. Die Masse 1 Stunde kaltstellen. Man braucht eine Macaronschale als Oberteil und eine als Unterteil. Die Schalen mit der Masse füllen und kaltstellen.

Schokoladen Minze Macarons

Zutaten
Macaronschalenteig
125 g gemahlene weiße Mandeln
150 g Puderzucker
100 g Zucker, fein
4 Eiweiße
1 TL Pfefferminzblätter
gemahlen

Füllung
100 g gehackte Vollmilch Schokolade
50 g Sahne
50 g gehackte Pistazien

Zubereitung
Wir beginnen mit den Macaronschalen.
Mandeln und Puderzucker in den Mixtopf geben und
nochmals auf Stufe 10/ 15 Sekunden mahlen. In eine
Schüssel umfüllen.
Den Topf reinigen. Den Schmetterling einsetzen und das
Eiweiß einfüllen. Auf Stufe 4/ ca. 2 Minuten steif
schlagen. Den Schmetterling entfernen. Nun die übrigen
Teigzutaten hinzugeben. Wer mag, kann noch ein paar
Tropfen Lebensmittelfarbe hinzugeben. Auf Stufe 2/ 15
Sekunden rühren. Die Masse in einem Spritzbeutel
umfüllen. Ein Backblech mit Backpapier belegen. Die
Masse portionsweise mit dem Spritzbeutel auf das Blech

setzen. Die Masse bei 150 Grad Umluft ca. 15 Minuten backen. Die Schalen abkühlen lassen.

Füllung

Alle Zutaten für die Füllung in den sauberen Mixtopf geben. Auf Stufe 5/ 30 Sekunden mischen. Alles bei 90 Grad/ Stufe 2/ 6 Minuten erwärmen. Die Masse 1 Stunde kaltstellen. Man braucht eine Macaronschale als Oberteil und eine als Unterteil. Die Schalen mit der Masse füllen und kaltstellen.

Schokoladen Chili Macarons

Zutaten
Macaronschalenteig
125 g gemahlene weiße Mandeln
150 g Puderzucker
100 g Zucker, fein
4 Eiweiße
1 TL Backkakao

Füllung
100 g gehackte Zartbitterschokolade
1 große Prise Chili
1 Prise schwarzer Pfeffer
50 g Sahne
50 g gehackte Pistazien

Zubereitung
Wir beginnen mit den Macaronschalen.
Mandeln und Puderzucker in den Mixtopf geben und
nochmals auf Stufe 10/ 15 Sekunden mahlen. In eine
Schüssel umfüllen.
Den Topf reinigen. Den Schmetterling einsetzen und das
Eiweiß einfüllen. Auf Stufe 4/ ca. 2 Minuten steif
schlagen. Den Schmetterling entfernen. Nun die übrigen
Teigzutaten hinzugeben. Wer mag, kann noch ein paar
Tropfen Lebensmittelfarbe hinzugeben. Auf Stufe 2/ 15
Sekunden rühren. Die Masse in einem Spritzbeutel
umfüllen. Ein Backblech mit Backpapier belegen. Die
Masse portionsweise mit dem Spritzbeutel auf das Blech
setzen. Die Masse bei 150 Grad Umluft ca. 15 Minuten
backen. Die Schalen abkühlen lassen.

46

Füllung

Alle Zutaten für die Füllung in den sauberen Mixtopf geben. Auf Stufe 5/ 30 Sekunden mischen. Alles bei 90 Grad/ Stufe 2/ 6 Minuten erwärmen. Die Masse 1 Stunde kaltstellen. Man braucht eine Macaronschale als Oberteil und eine als Unterteil. Die Schalen mit der Masse füllen und kaltstellen.

Erdbeere Balsamico Macarons

Zutaten
Macaronschalenteig
125 g gemahlene weiße Mandeln
150 g Puderzucker
100 g Zucker, fein
4 Eiweiße

Füllung
100 g gehackte weiße Schokolade
50 g Erdbeermarmelde
10 g Balsamicoessig
50 g gehackte Pistazien

Zubereitung
Wir beginnen mit den Macaronschalen.
Mandeln und Puderzucker in den Mixtopf geben und
nochmals auf Stufe 10/ 15 Sekunden mahlen. In eine
Schüssel umfüllen.
Den Topf reinigen. Den Schmetterling einsetzen und das
Eiweiß einfüllen. Auf Stufe 4/ ca. 2 Minuten steif
schlagen. Den Schmetterling entfernen. Nun die übrigen
Teigzutaten hinzugeben. Wer mag, kann noch ein paar
Tropfen Lebensmittelfarbe hinzugeben. Auf Stufe 2/ 15
Sekunden rühren. Die Masse in einem Spritzbeutel
umfüllen. Ein Backblech mit Backpapier belegen. Die
Masse portionsweise mit dem Spritzbeutel auf das Blech
setzen. Die Masse bei 150 Grad Umluft ca. 15 Minuten
backen. Die Schalen abkühlen lassen.

Füllung
Alle Zutaten für die Füllung in den sauberen Mixtopf
geben. Auf Stufe 5/ 30 Sekunden mischen. Alles bei 90
Grad/ Stufe 2/ 6 Minuten erwärmen. Die Masse 1 Stunde
kaltstellen. Man braucht eine Macaronschale als Oberteil
und eine als Unterteil. Die Schalen mit der Masse füllen
und kaltstellen.

Cranberry Macarons

Zutaten
Macaronschalenteig
125 g gemahlene weiße Mandeln
150 g Puderzucker
100 g Zucker, fein
4 Eiweiße
1 TL Matchapulver

Füllung
100 g gehackte weiße Schokolade
50 g Sahne
50 g gehackte Mandeln
30 g getrocknete und gehackte Cranberrys
1 TL klarer Schnaps

Zubereitung
Wir beginnen mit den Macaronschalen.
Mandeln und Puderzucker in den Mixtopf geben und
nochmals auf Stufe 10/ 15 Sekunden mahlen. In eine
Schüssel umfüllen.
Den Topf reinigen. Den Schmetterling einsetzen und das
Eiweiß einfüllen. Auf Stufe 4/ ca. 2 Minuten steif
schlagen. Den Schmetterling entfernen. Nun die übrigen
Teigzutaten hinzugeben. Wer mag, kann noch ein paar
Tropfen Lebensmittelfarbe hinzugeben. Auf Stufe 2/ 15
Sekunden rühren. Die Masse in einem Spritzbeutel
umfüllen. Ein Backblech mit Backpapier belegen. Die
Masse portionsweise mit dem Spritzbeutel auf das Blech

setzen. Die Masse bei 150 Grad Umluft ca. 15 Minuten backen. Die Schalen abkühlen lassen.

Füllung

Alle Zutaten für die Füllung in den sauberen Mixtopf geben. Auf Stufe 5/ 30 Sekunden mischen. Alles bei 90 Grad/ Stufe 2/ 6 Minuten erwärmen. Die Masse 1 Stunde kaltstellen. Man braucht eine Macaronschale als Oberteil und eine als Unterteil. Die Schalen mit der Masse füllen und kaltstellen.

Marzipan Macarons

Zutaten
Macaronschalenteig
125 g gemahlene weiße Mandeln
150 g Puderzucker
100 g Zucker, fein
4 Eiweiße
½ Fläschchen Bittermandelbacköl

Füllung
100 g gehackte weiße Schokolade
50 g Sahne
100 g Marzipanrohmasse

Zubereitung
Wir beginnen mit den Macaronschalen.
Mandeln und Puderzucker in den Mixtopf geben und
nochmals auf Stufe 10/ 15 Sekunden mahlen. In eine
Schüssel umfüllen.
Den Topf reinigen. Den Schmetterling einsetzen und das
Eiweiß einfüllen. Auf Stufe 4/ ca. 2 Minuten steif
schlagen. Den Schmetterling entfernen. Nun die übrigen
Teigzutaten hinzugeben. Wer mag, kann noch ein paar
Tropfen Lebensmittelfarbe hinzugeben. Auf Stufe 2/ 15
Sekunden rühren. Die Masse in einem Spritzbeutel
umfüllen. Ein Backblech mit Backpapier belegen. Die
Masse portionsweise mit dem Spritzbeutel auf das Blech
setzen. Die Masse bei 150 Grad Umluft ca. 15 Minuten
backen. Die Schalen abkühlen lassen.
Füllung

Alle Zutaten für die Füllung in den sauberen Mixtopf geben. Auf Stufe 5/ 30 Sekunden mischen. Alles bei 90 Grad/ Stufe 2/ 6 Minuten erwärmen. Die Masse 1 Stunde kaltstellen. Man braucht eine Macaronschale als Oberteil und eine als Unterteil. Die Schalen mit der Masse füllen und kaltstellen.

Salmiak Macarons

Zutaten
Macaronschalenteig
125 g gemahlene weiße Mandeln
150 g Puderzucker
100 g Zucker, fein
4 Eiweiße
1 gute Prise Salz

Füllung
100 g gehackte weiße Schokolade
50 g Sahne
50 g gehackte Salmiakpastillen
50 g gemahlene Mandeln

Zubereitung
Wir beginnen wie immer mit den Macaronschalen.
Mandeln und Puderzucker in den Mixtopf geben und
nochmals auf Stufe 10/ 15 Sekunden mahlen. In eine
Schüssel umfüllen.
Den Topf reinigen. Den Schmetterling einsetzen und das
Eiweiß einfüllen. Auf Stufe 4/ ca. 2 Minuten steif
schlagen. Den Schmetterling entfernen. Nun die übrigen
Teigzutaten hinzugeben. Wer mag, kann noch ein paar
Tropfen Lebensmittelfarbe hinzugeben. Auf Stufe 2/ 15
Sekunden rühren. Die Masse in einem Spritzbeutel
umfüllen. Ein Backblech mit Backpapier belegen. Die
Masse portionsweise mit dem Spritzbeutel auf das Blech
setzen. Die Masse bei 150 Grad Umluft ca. 15 Minuten
backen. Die Schalen abkühlen lassen.
Füllung

54

Alle Zutaten für die Füllung in den sauberen Mixtopf geben. Auf Stufe 5/ 30 Sekunden mischen. Alles bei 90 Grad/ Stufe 2/ 6 Minuten erwärmen. Die Masse 1 Stunde kaltstellen. Man braucht eine Macaronschale als Oberteil und eine als Unterteil. Die Schalen mit der Masse füllen und kaltstellen.

Anis Macarons

Zutaten
Macaronschalenteig
125 g gemahlene weiße Mandeln
150 g Puderzucker
100 g Zucker, fein
4 Eiweiße

Füllung
100 g gehackte weiße Schokolade
50 g Sahne
50 g gehackte Mandeln
1 TL Anispulver

Zubereitung
Wir beginnen mit den Macaronschalen.
Mandeln und Puderzucker in den Mixtopf geben und
nochmals auf Stufe 10/ 15 Sekunden mahlen. In eine
Schüssel umfüllen.
Den Topf reinigen. Den Schmetterling einsetzen und das
Eiweiß einfüllen. Auf Stufe 4/ ca. 2 Minuten steif
schlagen. Den Schmetterling entfernen. Nun die übrigen
Teigzutaten hinzugeben. Wer mag, kann noch ein paar
Tropfen Lebensmittelfarbe hinzugeben. Auf Stufe 2/ 15
Sekunden rühren. Die Masse in einem Spritzbeutel
umfüllen. Ein Backblech mit Backpapier belegen. Die
Masse portionsweise mit dem Spritzbeutel auf das Blech
setzen. Die Masse bei 150 Grad Umluft ca. 15 Minuten
backen. Die Schalen abkühlen lassen.

Füllung
Alle Zutaten für die Füllung in den sauberen Mixtopf
geben. Auf Stufe 5/ 30 Sekunden mischen. Alles bei 90
Grad/ Stufe 2/ 6 Minuten erwärmen. Die Masse 1 Stunde
kaltstellen. Man braucht eine Macaronschale als Oberteil
und eine als Unterteil. Die Schalen mit der Masse füllen
und kaltstellen.

Schoko Orangen Macarons

Zutaten
Macaronschalenteig
125 g gemahlene weiße Mandeln
150 g Puderzucker
100 g Zucker, fein
4 Eiweiße
2 TL gemahlene Orangenschale

Füllung
100 g gehackte dunkle Schokolade
50 g Sahne
50 g gehackte Mandeln
1 TL gemahlene Orangenschale

Zubereitung
Wir beginnen mit den Macaronschalen.
Mandeln und Puderzucker in den Mixtopf geben und
nochmals auf Stufe 10/ 15 Sekunden mahlen. In eine
Schüssel umfüllen.
Den Topf reinigen. Den Schmetterling einsetzen und das
Eiweiß einfüllen. Auf Stufe 4/ ca. 2 Minuten steif
schlagen. Den Schmetterling entfernen. Nun die übrigen
Teigzutaten hinzugeben. Wer mag, kann noch ein paar
Tropfen Lebensmittelfarbe hinzugeben. Auf Stufe 2/ 15
Sekunden rühren. Die Masse in einem Spritzbeutel
umfüllen. Ein Backblech mit Backpapier belegen. Die
Masse portionsweise mit dem Spritzbeutel auf das Blech
setzen. Die Masse bei 150 Grad Umluft ca. 15 Minuten
backen. Die Schalen abkühlen lassen.

Füllung
Alle Zutaten für die Füllung in den sauberen Mixtopf
geben. Auf Stufe 5/ 30 Sekunden mischen. Alles bei 90
Grad/ Stufe 2/ 6 Minuten erwärmen. Die Masse 1 Stunde
kaltstellen. Man braucht eine Macaronschale als Oberteil
und eine als Unterteil. Die Schalen mit der Masse füllen
und kaltstellen.

White Chocolate Lemon Macarons

Zutaten
Macaronschalenteig
125 g gemahlene weiße Mandeln
150 g Puderzucker
100 g Zucker, fein
4 Eiweiße
2 TL gemahlene Zitronenschale

Füllung
100 g gehackte weiße Schokolade
50 g Sahne
2 TL gemahlene Zitronenschale
30 g Puderzucker
30 g gemahlene Mandeln

Zubereitung
Wir beginnen mit den Macaronschalen.
Mandeln und Puderzucker in den Mixtopf geben und
nochmals auf Stufe 10/ 15 Sekunden mahlen. In eine
Schüssel umfüllen.
Den Topf reinigen. Den Schmetterling einsetzen und das
Eiweiß einfüllen. Auf Stufe 4/ ca. 2 Minuten steif
schlagen. Den Schmetterling entfernen. Nun die übrigen
Teigzutaten hinzugeben. Wer mag, kann noch ein paar
Tropfen Lebensmittelfarbe hinzugeben. Auf Stufe 2/ 15
Sekunden rühren. Die Masse in einem Spritzbeutel
umfüllen. Ein Backblech mit Backpapier belegen. Die
Masse portionsweise mit dem Spritzbeutel auf das Blech
setzen. Die Masse bei 150 Grad Umluft ca. 15 Minuten
backen. Die Schalen abkühlen lassen.

Füllung

Alle Zutaten für die Füllung in den sauberen Mixtopf geben. Auf Stufe 5/ 30 Sekunden mischen. Alles bei 90 Grad/ Stufe 2/ 6 Minuten erwärmen. Die Masse 1 Stunde kaltstellen. Man braucht eine Macaronschale als Oberteil und eine als Unterteil. Die Schalen mit der Masse füllen und kaltstellen.

Schokoladen Matcha Macarons

Zutaten
Macaronschalenteig
125 g gemahlene weiße Mandeln
150 g Puderzucker
100 g Zucker, fein
4 Eiweiße
1 TL Matchapulver

Füllung
100 g gehackte dunkle Schokolade
50 g Sahne
50 g gehackte Pistazien

Zubereitung
Wir beginnen mit den Macaronschalen.
Mandeln und Puderzucker in den Mixtopf geben und
nochmals auf Stufe 10/ 15 Sekunden mahlen. In eine
Schüssel umfüllen.
Den Topf reinigen. Den Schmetterling einsetzen und das
Eiweiß einfüllen. Auf Stufe 4/ ca. 2 Minuten steif
schlagen. Den Schmetterling entfernen. Nun die übrigen
Teigzutaten hinzugeben. Wer mag, kann noch ein paar
Tropfen Lebensmittelfarbe hinzugeben. Auf Stufe 2/ 15
Sekunden rühren. Die Masse in einem Spritzbeutel
umfüllen. Ein Backblech mit Backpapier belegen. Die
Masse portionsweise mit dem Spritzbeutel auf das Blech

setzen. Die Masse bei 150 Grad Umluft ca. 15 Minuten backen. Die Schalen abkühlen lassen.

Füllung

Alle Zutaten für die Füllung in den sauberen Mixtopf geben. Auf Stufe 5/ 30 Sekunden mischen. Alles bei 90 Grad/ Stufe 2/ 6 Minuten erwärmen. Die Masse 1 Stunde kaltstellen. Man braucht eine Macaronschale als Oberteil und eine als Unterteil. Die Schalen mit der Masse füllen und kaltstellen.

Nachtrag zum Impressum
Copyright / Bilderquellen

Everystockphoto.com
- FXR
- Psd
- Cherrylet
- Romaunbehar
- The DiliciousLife
- Barbara Cannnella
- Miss Turner
- Betsyweber
- Saleeha
- Notfrancois
- Paper balloon
- Idealisms
- Seelensturm
- Yannick 974
- joyosity

Herstellung und Verlag:
BoD - Books on Demand, Norderstedt
ISBN 978-3-7357-7953-3